AF308719

S. CHARLÉTY

LE VOYAGE

DE

LOUIS XIII A LYON

EN 1622

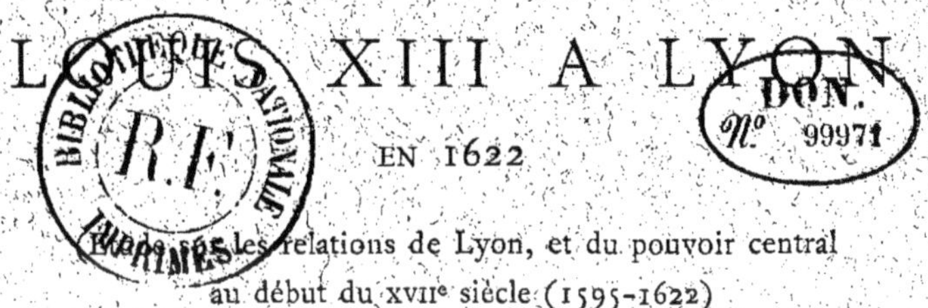

les relations de Lyon, et du pouvoir central
au début du XVIIe siècle (1595-1622)

EXTRAIT

DE LA

REVUE D'HISTOIRE MODERNE ET CONTEMPORAINE

1900-1901, t. II, p. 345-367; 485-501

Le Voyage de Louis XIII à Lyon, en 1622

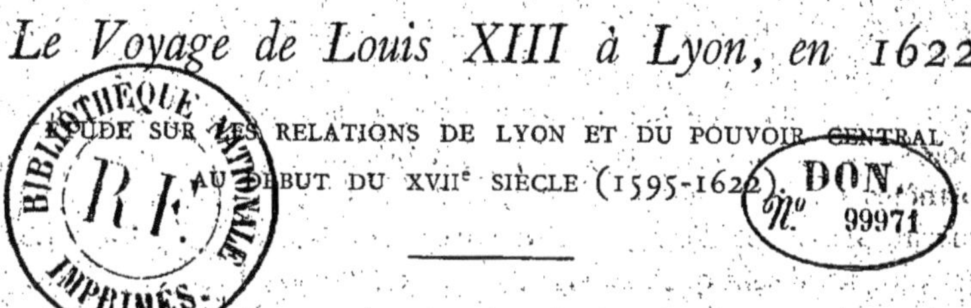

ÉTUDE SUR LES RELATIONS DE LYON ET DU POUVOIR CENTRAL AU DÉBUT DU XVIIe SIÈCLE (1595-1622)

Le 25 octobre 1622, Charles de Neuville, marquis d'Halincourt, gouverneur du Lyonnais, Forez et Beaujolais, avertit le prévôt des marchands et les échevins lyonnais que le Roi, revenant de Montpellier où il avait signé la paix avec les Réformés, s'arrêterait à Lyon. La nouvelle ne les surprenait pas. Déjà les deux reines, Marie de Médicis et Anne d'Autriche, étaient dans la ville, attendant Louis XIII. Le Consulat les avait reçues respectueusement, mais sans faste, averti que le Roi désirait pour lui seul le luxe et l'apparat d'une entrée solennelle. Mais deux mois s'étaient déjà écoulés; deux mois pendant lesquels les deux reines abritaient leur ennui, l'une à l'archevêché, l'autre au cloître d'Ainay, ou le promenaient, par intervalles, sur la Saône, au son d'un violon, sur un bateau pavoisé. L'impatience grandissait. C'est un gros souci que de recevoir le Roi. Car c'est une occasion de lui parler, de lui dire, sans intermédiaires, ses joies et ses peines. On ne saurait trop ardemment désirer l'honneur et le profit d'une telle conversation.

Aussitôt informés, Messieurs du Consulat se mettent au travail. Ils convoquent les capitaines pennons, chefs de la milice bourgeoise des 36 quartiers de la ville, dressent avec eux le programme des fêtes, visitent le parcours que suivra le royal cortège, fixent les emplacements des « architectures », puis livrent la ville aux charpentiers qui construiront les arcs de triomphe, les pyramides, les estrades et les fontaines, aux peintres qui les orneront d'emblèmes, aux poètes dont les allégories et les savants anagrammes diront la joie du peuple et la gloire du prince. Les 36 quartiers s'agitent. Chacun cherche pour son pennonage un costume original et riche. Les

« Enfants de la Ville » élisent le capitaine qui les fera défiler. Les marchands étrangers, allemands, suisses, florentins, milanais, délibèrent place du Change; la splendeur de leurs habits rehaussera la gloire de leur nation. C'est dans toute la ville un brouhaha de passants affairés, de groupes bavards sur les portes des boutiques. Il faut que magnifiquement apparaisse à toute la France que « notre Roy Soleil, parcourant les villes de son royaume, comme le roy des planètes les signes du Zodiaque, arrive maintenant dans celle qui mérite justement d'être appelée en terre le signe du Lyon. » Les astrologues disent que, au signe du Lyon, le soleil est plus fécond, sa face plus pure, sa lumière plus bienfaisante; il récompense les hommes de leurs peines, il est fort, et il est juste. Le Roi n'a-t-il pas comme le soleil le regard qui dissipe les ténèbres, la providence qui crée, la bonté qui guérit? Quand le Roi est au loin, il ignore; mais quand il est présent, il regarde et on le voit, il parle et on peut lui parler.

I

On n'est embarrassé à Lyon ni pour recevoir un roi, ni pour engager avec lui la conversation. L'habitude est ancienne, la tradition riche de brillants souvenirs. Depuis que Philippe le Bel a annexé la ville au domaine, presque tous les rois l'ont visitée. Alliés des bourgeois qui avaient vaincu l'archevêque et le chapitre, les rois étaient restés les défenseurs des libertés de la commune tant qu'elles furent menacées et précaires. Aussi leur disait-on sa reconnaissance avec un empressement chaleureux où l'on était attentif à marquer la joie des habitants en même temps que la prospérité de la grande cité libre. La bannière aux armes de France flottant sur la porte de Vaise, les tuniques bleues fleurdelisées des enfants de la ville, le pavillon bleu des dames, le drap d'or du dais royal à battants bleus, dirent à Charles VI la fidélité et la richesse de sa ville de Lyon. Il se divertit fort à voir les jeux et les déguisements dont on avait agrémenté le parcours, les fontaines de vin, les géants déguisés en sauvages, et fut ravi d'emporter les coupes et les pots d'argent doré dont le consulat lui fit présent. — Mais ces splendeurs naïves furent bien dépassées quand, aux siècles suivants, la ville turbulente, opulente, bouillonnante de sève, fit défiler devant Charles VIII, Louis XII, François Ier, Henri II, les magnifiques mascarades des costumes, dépensant son enthousiasme d'artiste à prodiguer dans les parures des murailles, les charpentes des portes triomphales, tous les trésors de l'industrie et de l'art. Chaque réception devient un drame touffu, aux cent actes divers, où tous, manants et bourgeois, clercs et séculiers, hommes d'armes et gens de robe, artistes et poètes, jeunes filles et grandes dames, où les rois eux-mêmes jouent leur rôle. L'imagination débridée, l'érudition d'un temps où la mythologie païenne et ses formes sont devenues familières à tous, l'orgueil de vivre et la joie d'être riche y éclatent en puissance. La ville, sensée, pratique, économe, travailleuse, prenait en un jour une revanche sur ses habitudes, jetait l'argent et l'or pour paraître belle. Elle avait, en 1548, montré à Henri II ses arquebusiers vêtus de satin blanc rayé d'or, au panache blanc et noir semé de paillettes d'or ; ses 60 corps de métiers en pourpoint de velours tailladé ; ses Lucquois à cheval en longue robe de velours noir, entourés de laquais habillés à la romaine ; ses Florentins sur des chevaux turcs, en robe cramoisie doublée de drap d'or ; et les cottes de mailles en tissu d'or et d'argent brodées de perles des 160 hommes du capitaine de la ville, et ses échevins en satin noir sur des mules harnachées de velours, menées par des valets cramoisis. Et c'étaient, sur le parcours, les statues colossales du Rhône et de la Saône, la forêt pleine d'animaux sauvages où Diane et les nymphes capturaient un lion et le conduisaient aux pieds du roi ; Neptune faisant jaillir de terre un cheval et Minerve un olivier... Jours de joie, où l'on vit dans un conte de fées, où l'Olympe de la Grèce, de grâce héroïque et charmante, revient charmer les yeux de ces marchands soucieux et ces ouvriers graves, sortis de leurs sombres masures au grand soleil de la nature et de l'art.

Mais, la fête finie, le sens pratique se retrouve. Et il en faut beaucoup, du plus aiguisé, pour faire bon ménage avec le roi. Depuis qu'il a décidément exclu l'archevêque de l'autorité politique, la commune est seule en face de son protecteur. Il exercent à eux deux un *condominium* où l'équilibre est de nature instable. La Ville est entrée dans le domaine avec sa charte de libertés. Le roi l'a acceptée, ayant aidé la ville à la conquérir. Son autorité reste longtemps discrète, réservée, bienveillante; elle n'est point exclusive du droit que Lyon a de se gouverner lui-même. Pourtant rien ne garantit que Lyon ne puisse un jour perdre ce droit. Aussi y a-t-il des précautions à prendre, et la ville les prend. A chaque avénement, une députation se rend auprès du nouveau prince et lui demande une solennelle confirmation des privilèges de la ville. Il ne l'accorde, le plus souvent, que contre argent comptant. Mais les échevins ne font pas de la concession royale le prix d'un marché. C'est un don volontaire. Souvent aussi, dans le cours du règne, le roi a besoin d'argent pour ses guerres. Lyon en donne de bonne grâce. Un présent gracieux n'est point un précédent funeste. Ainsi se maintient à peu près intact le principal des privilèges de la ville, celui qu'elle croit tenir de son origine romaine, l'exemption des tailles.

Ainsi, tant que le roi tient ses promesses, et fait honneur à sa signature, Lyon conserve le sentiment qu'en se donnant un maître, il ne s'est pas asservi à ses caprices. Mais, au XVIᵉ siècle, la royauté a changé d'habitudes. Jusque-là elle demandait; François Iᵉʳ exige. Et c'est dans le tumulte d'une fête splendide donnée à ses gens de guerre qui partent pour Milan, que le prince a taxé la ville de 9000 livres et d'un contingent de 1000 hommes. Le Consulat a beau exhiber le contrat de la Commune, montrer ses dispenses estampillées du grand sceau, les agents du prince ne sont pas patients. On emprisonne les échevins. Il faut bien payer. Et ce voyage royal a laissé mauvais souvenir. Pour la première fois, la ville a dû subir « une nouveauté ruyneuse et dangereuse ». On a confusément saisi que le souverain était et entendait demeurer supérieur à toute stipulation écrite, à toute convention humaine. Cette autorité qui, « ne mourant jamais », semblait le lien nécessaire et perpétuel entre le passé et le présent, la tradition vivante et permanente, c'est, dès lors, l'insécurité même, l'incertitude du lendemain. Mais on fut long à le comprendre clairement. Et les édits fiscaux se multipliant, et les menaces, le Consulat livrait encore bataille. Ses députés en Cour frappent à toutes les portes sans se faire écouter ; l'un d'eux se décide à dire la vérité vraie : « J'ai connu, écrit-il aux échevins, que vous comprenez mal les affaires dont il s'agit, et n'avez considéré avec qui vous avez à les démêler, qui est votre roi, et a pouvoir sur vos personnes, femmes, enfants et biens, et avec lequel il ne faut parler ni contester de la sorte, nonobstant que cela vous a été accordé par contrat. Que veuillez ou non, vous serez contraints à fléchir la tête et plier le col, pour supporter et endurer tout ce qu'il plaira à S. M. d'ordonner. » Un autre, plus mélancolique, proposait à la ville « l'imitation de ce grand sage, lequel, ne pouvant obtenir de vivre, obtint de mourir à sa volonté... Les lois et le vouloir des princes rendent juste l'injuste, équitable l'inique, sacré et saint ce qui était auparavant vicieux et profane. » (1567).

II

Les souvenirs que laissent à Lyon les visites royales ne sont donc pas tous agréables. La dernière était de 1595[1]. Henri IV était venu voir les Lyonnais récemment rentrés dans l'obéissance. Acclamé avec enthousiasme, il avait pardonné aux derniers ligueurs entêtés. Il avait eu pour chaque harangue une réponse aimable. Il était de belle humeur. Il retrouvait à Lyon Gabrielle qui l'y attendait, et ses « très chers et bien aimés » Lyonnais qui l'avaient si passionnément combattu. « Continuez à m'aimer, dit-il aux échevins, je vous ferai voir combien je vous aime, et que je ne désire rien tant que votre repos. » De fait, il prouva qu'il disait vrai. La ville avait douze échevins : n'était-ce pas beaucoup trop ? Que de temps perdu en discussions inutiles ! Paris, bien plus peuplé, se contentait de quatre et d'un prévôt des marchands. Et le roi, d'un trait de plume, supprima la vieille charte municipale.

Pénible souvenir que celui-là pour les bourgeois de Lyon. Ils n'avaient jamais sincèrement pardonné à Henri IV cet abus de force. Lyon étant entré dans le royaume avec son gouvernement et sa vie propre, Lyon ayant signé un contrat volontaire avec le roi, ce contrat ne pouvait être modifié que du consentement des deux parties. Encore si le bon plaisir du roi se fût borné à ce coup d'autorité. Mais l'application de l'édit avait été plus dure encore que l'humiliation subie. Désormais, plus d'élections libres. Les maîtres des métiers

---

1. Henri IV revint à Lyon en 1600, pour y célébrer son mariage avec Marie de Médecis. Mais ce voyage n'eut pas d'importance politique.

solennellement réunis à la Saint-Thomas ne faisaient plus qu'enregistrer les volontés que le roi transmettait au gouverneur. Ils se gardaient bien de l'avouer, se donnaient l'air de choisir en toute liberté les candidats à la prévôté ou à l'échevinage qu'une lettre royale ou une intervention discrète du gouverneur indiquaient comme agréables. Parfois, pourtant, quand l'intervention était trop pressante ou trop brutale, ils risquaient une résistance. Quand, en 1601, M. de la Guiche veut imposer la nomination d'un prévôt étranger à la ville, quelques meneurs plus hardis refusent de le nommer, bravent la colère du gouverneur qui refuse d'assister à la cérémonie d'installation. Et pourtant, ils ont eu bien soin de stipuler qu'ils n'allaient « point contre la volonté du roy à laquelle ils obéiront à jamais en tout et partout, mais pour l'apparence qu'il y a de surprise en cela faite à S. M. [1] » N'est-ce pas, en effet, le roi lui-même qui, en confirmant les privilèges de la ville, a stipulé que les non-natifs seraient exclus des charges consulaires ? C'est donc obéir au roi que de résister au gouverneur. Tout s'arrange avec un peu d'adresse. N'empêche que le prévôt des marchands, Pierre Baillon, en a été malade de frayeur, qu'il n'a pas osé venir à la fête où la Guiche refusait d'assister et qu'il a fait dire qu'il déclinait toute responsabilité sur ce qui s'était passé. D'ailleurs, les plus hardis qui invoquaient la volonté du roi comme loi suprême, durent en accepter l'expression claire quand une déclaration officielle de S. M. admit à l'échevinage les non-natifs (19 fév. 1603) [2]. Il n'y a plus qu'à se résigner. L'habitude en est déjà ancienne et les sages l'indiquent comme la seule bonne. On doit, constatent avec mélancolie nos consuls, « se défendre toujours en apparence et fléchir prudemment aux choses qu'on ne saurait éviter, tenant plus à propos que les coups qu'il faut souffrir se donnent entre deux portes et à couvert, que publiquement. »

Si ce Consulat nouveau, recruté conformément à la volonté royale, avait conservé ses attributions intactes, les bourgeois auraient pu en y mettant quelque complaisance, continuer de croire que la

---

1. BB. 138 (13, 15, 16, 18 décembre 1601). La série BB des Archives municipales de Lyon comprend les Actes consulaires, procès-verbaux des séances du Consulat. C'est à ces actes que l'indication BB renvoie dans les notes qui suivent.
2. Enregistrée au Parlement, 24 mai 1603.

ville se gouvernait elle-même. Mais ce Consulat, démembré et soumis, a vu chaque jour tomber autour de lui quelque parcelle de son
autorité. Il n'est plus qu'une vieille forteresse dégradée. Les agents
du roi gagnent tout le pouvoir qu'il perd. Il avait la garde de la
ville, et détenait les clefs des portes et des chaînes de la Saône.
Henri IV a décidé qu'il les conserverait pendant le jour, c'est à dire
tant que chaînes et portes sont ouvertes, tandis que, la nuit, quand
elles sont fermées, les clefs seraient remises au gouverneur. Et c'est
chose plaisante que de constater la gravité avec laquelle, chaque
année, les nouveaux échevins répartissent entre eux les clefs de ces
portes ouvertes. Il est vrai qu'ils se consolent en pensant que « cela
ne tire pas à conséquence pour les privilèges de la ville. » Ce sont
les propres termes de l'édit d'Henri IV, qui aimait à rire. Henri IV
mort, les échevins essaient de reconquérir le terrain perdu. Quand
le procureur général de la ville, Charles Grolier, se rend en cour
pour porter au nouveau roi le serment des habitants de Lyon, il
part muni de toutes sortes de recommandations ; il emporte un long
mémoire qui prouve que de Clovis à Henri IV la commune a toujours eu le droit de se garder elle-même. Henri IV n'a prétendu que
prendre des précautions contre les factions qui agitaient encore une
ville ligueuse. Il est temps de rétablir l'ancien état de choses ; et
comme on commence à connaître à Lyon la médiocre solidité de la
parole et de la signature royales, Grolier tâchera « d'obtenir de
S. M. l'intention de la ville avec le meilleur parchemin et la plus
forte cire qu'il se pourra » [1]. Mais le nouveau roi déclare comme
l'ancien que, bien que « n'ayant pas en eux moins de confiance qu'ont
eu les roys nos prédécesseurs », le gouverneur continuera de tenir les
clefs pendant la nuit, toujours, bien entendu, « sans tirer à aucune
conséquence et sans préjudice des droits et privilèges » du Consulat [2].

Le soin qu'a pris le roi du repos de la ville va si loin qu'il pourvoit lui-même à sa défense. Du jour où Ornano (fév. 1694) l'a replacée sous son autorité, une garnison suisse y est restée installée. Et
pourtant, la ville est exempte du logement des gens de guerre. Sa

---

1. BB. 148, f° 80 (23 juin 1612).
2. BB. 149, f° 19 (10 janv. 1613).

milice bourgeoise, ses arquebusiers font le service de garde sur les murailles. Voilà encore une de ces discrètes violations des franchises qu'on accepte silencieusement, parce qu'il ne faut jamais avouer la dure vérité. Et c'est avec le plus grand sérieux du monde que le Consulat qui a accepté les Suisses continue à prendre toutes les précautions d'usage quand une troupe royale doit traverser la ville. On voit alors, si les soldats du roi arrivent par la Saône, sur des bateaux, un double cordon de pennonages alignés, en armes, tout le long des deux quais, pour les empêcher de débarquer sur les rives, si l'envie leur en prenait. Quand l'armée vient par le faubourg de la Guillotière et traverse la ville, les rues latérales au parcours du cortège sont aussi bien gardées. L'honneur est sauf, une fois de plus.

Il n'en est pas toujours de même, sans doute. Quand la volonté royale pénètre jusque dans les affaires les plus intimes de la ville, il y a quelques moments pénibles à passer. Il arrive que le Consulat reçoit des coups « entre deux portes ». L'échec de la rébellion ligueuse a pesé durement sur Lyon. Non seulement son administration mutilée n'émane plus d'élections libres, mais voici qu'à côté du tout puissant et souvent arrogant gouverneur, le roi a placé un nouvel agent. La ville a, pendant la révolte, fait des dettes, et ne peut pas les payer. Les créanciers ont imploré le roi. Les échevins eux-même l'ont supplié de leur venir en aide. Car leur responsabilité personnelle était, selon l'usage, engagée. Et le roi ne se fit pas prier pour intervenir. Il décida que la ville percevrait un subside de 3 livres par pièce de vin et la tierce partie des droits de la douane de Lyon pour aboutir au règlement des dettes. Mais le roi, dans sa bienveillante prévoyance, confiait l'exécution de ce réglement à un liquidateur, de Vic, muni de pleins pouvoirs pour traiter avec les créanciers [1]. Quant aux échevins, il les déchargeait de toute responsabilité financière. Comment se fussent-ils fâchés d'être si bien compris ? Plus de soucis désormais. Le roi est si bon. N'a-t-il pas fait payer, entre toutes les créances, en premier lieu, sans retranchement, intérêts compris, celles qui appartenaient aux consuls, à leurs familles, à leurs amis [2] ?

---

1. BB. 135, fos 27, 29, 30 (9-11 fév. 1598).
2. BB. 135, fos 66-68 (17 et 22 avr. 1598).

Malheureusement, tout n'est pas bénéfice dans cette combinaison. Il est doux d'être protégé et tiré d'embarras, mais le protecteur entend bien exercer sa tutelle. Son nouvel agent, l'intendant liquidateur, ne quitte plus la place. Après de Vic, voici Eustache du Refuge [1] qui, à peine installé, fait savoir au Consulat que « le secrétaire de la ville sera tenu d'exhiber les actes consulaires toutes les fois qu'il en sera requis. » Obligation bien gênante : il a déjà fallu montrer les livres de comptes, ce qui a été très désagréable ; faudra-t-il confier aussi le secret des délibérations à cet indiscret ? On a l'habitude, à Lyon, d'écrire aux ministres, d'envoyer des députés en cour, de régler sans intermédiaire les affaires de la ville au conseil du roi. Avec quelques cadeaux, des visites habiles, et un peu de ténacité, on obtient beaucoup. C'est toute une diplomatie avec ses marchandages et ses secrets. Si la correspondance est connue de l'intendant, comment s'y livrer tout entier, dire les nuances des choses, indiquer ce qu'il faut taire et ce qu'il faut crier ?

Ajoutez que ce fonctionnaire si curieux coûte cher. La ville lui donne 600 livres par mois, le meuble et le loge. Il a, dès 1607, une maison et des bureaux. Et sa dignité s'accroit avec ses exigences ; M. de Montholon, qui succède à du Refuge, n'est plus simplement « commis par S. M. pour l'exécution de l'arrêt relatif aux dettes de la ville », il a « la charge et surintendance de la justice en Lyonnais, Forez et Beaujolais, et des affaires particulières de la ville de Lyon [2] ».

Pour se consoler de déchoir en autorité, le Consulat s'est haussé en splendeur extérieure. Les échevins sont anoblis en sortant de charge. C'est un cadeau que leur a fait Charles VIII (1495) et ils y tiennent. A chaque nouveau règne, ils font renouveler le privilège ; ce qui coûte cher. Aussi ne faut-il pas le compromettre par des imprudences. Un ex-consul n'y aura droit que s'il cesse de faire à Lyon le commerce de détail après sa sortie de charge [3]. Les consuls

---

1. BB. 141, f⁰ 277 (23 décembre 1604).

2. BB. 143, f⁰ 36 (22 fév. 1607).

3. BB. 143, f⁰ 32 (10 fév. 1607). — Inv. Chappe, IX, 21 (26 juin 1607). L'Inventaire Chappe a été dressé à la fin du XVIIIᵉ siècle, et donne un sommaire de la plupart des pièces conservées aux Archives municipales. Comme un assez grand nombre de ces pièces ont disparu, cet inventaire, très consciencieusement établi, en tient lieu souvent.

règlent minutieusement le cérémonial de leurs installations, séances, fêtes, enterrements. Ils se donnent un somptueux costume (robes violettes en damas, toques de velours) et confient à un peintre officiel le soin de reproduire leurs traits et leurs blasons. Et c'est un beau spectacle que de contempler, aux occasions solennellés, le Consulat à cheval dans les rues de Lyon, précédé des arquebusiers et du capitaine de la ville, bien harnaché, entouré de ses mandeurs armés de baguettes, suivi des ex-consuls et des notables bourgeois. Il est également honorable et doux de siéger sur de beaux fauteuils aux armes de la ville, de recevoir les personnages de distinction qui passent par Lyon, de leur adresser des discours, de parler et d'agir au nom de la ville qui passe, dans le royaume, pour la seconde en population et la première en richesse.

Ces honneurs sont peut-être des compensations suffisantes aux déboires et aux difficultés continuelles rencontrées dans l'exercice des fonctions municipales. Mais les Lyonnais qui ne sont pas de famille consulaire, les simples bourgeois et manants ne s'en portent pas mieux. Depuis la « réduction » de 1595, tout va mal. Il n'est bonne coutume qui ne se perde, il n'est « nouveauté ruyneuse et dangereuse » qu'on ne voie chaque jour s'insinuer dans la cité ou s'implanter de force. Et la cause unique, c'est que le roi a besoin d'argent, et qu'au gré de ses besoins, il attaque ouvertement ou ruine lentement le bloc de privilèges et de franchises qui constitue la « communauté » de Lyon. Henri IV, étant peu dépensier, y a mis quelque modération. C'est lui, pourtant, c'est surtout le surintendant des finances Sully[1] qui ont indiqué à de plus avides les procédés à employer, la manière d'exploiter au profit du trésor royal la richesse d'une ville de commerce et d'industrie.

Une lutte compliquée commence dès lors, infiniment variée, chicanière, tortueuse, où, comme deux ennemis, le roi et la ville observent leurs points faibles, rusent et parlementent ; l'un prodigue les tendresses en portant un coup ; l'autre, en l'évitant, proteste de sa soumission sans bornes. Entre eux, c'est un va-et-vient continuel

---

1. Les premières créations d'offices (contrôleur des cuirs, 1696, visiteur des marchandises, 1603) faites au détriment du commerce et de l'industrie lyonnais, remontent à Henri IV. Mais, elles ne furent pas maintenues. Le procédé ne fut repris que par Richelieu.

de négociations. La ville a près de la cour un agent permanent ; elle le renforce, à chaque instant, de députations spéciales qui partent, munies d'argent, de cadeaux et d'arguments. Ces arguments sont presque toujours les mêmes. C'est une doléance, un gémissement continuel. Toucher aux privilèges de Lyon, c'est préparer sa ruine. Lyon a ses foires franches : quatre fois par an, pendant quinze jours, les marchandises françaises et étrangères entrent et sortent librement. Elles provoquent un énorme mouvement d'affaires. Suisses, Allemands, Italiens, s'y donnent rendez-vous. La place de Lyon règle le cours des changes pour l'Europe entière. Le plus léger impôt qui diminuerait cette franchise provoquerait l'émigration du commerce à Besançon ou à Genève, et le royaume perdrait une source de profits. Car Lyon vaut surtout par son commerce et sa position admirable ; le plat pays n'est pas fertile et ne saurait nourrir sa population travailleuse. Aussi, tous les rois ont-ils entouré cette ville de leur protection spéciale. Ils lui ont maintenu l'antique privilège de la liberté du travail. Sauf quatre (apothicaires, orfèvres, serruriers, chirurgiens), tous les métiers sont ouverts. Chacun, régnicole ou étranger, peut venir s'installer à Lyon et y ouvrir boutique ou atelier. Le Consulat exerce seul la juridiction des arts et métiers, fait le règlement des corporations, marque gratuitement les marchandises et surveille les produits. Le fisc royal n'a jamais voulu tirer de bénéfices du travail lyonnais. A Lyon, pas d'office vénal qui pèse sur les corporations. Le roi, d'ailleurs, y trouve son compte. La douane de Lyon rapporte beaucoup. Si le négoce y diminuait, le trésor royal en souffrirait. Enfin, les Lyonnais sont exemptés de tailles. Gros privilège, sans doute, mais n'est-il pas compensé par les lourds sacrifices que la ville s'est toujours imposés pour la défense du royaume, étant ville frontière et singulièrement fidèle à son roi ?

Le roi ne refuse jamais de croire à la bonté de ces arguments ; il les écoute volontiers. Mais il a pour les affaiblir et les ruiner quelques réponses toujours prêtes. Sa volonté est certainement de respecter les privilèges de la ville. Mais un privilège n'est pas gratuit. Il se paye, surtout quand le roi a besoin d'argent. Lyon ne peut pas prétendre à refuser sa part des charges extraordinaires qui pèsent sur le roi. Il a, lui aussi, des dettes à payer, des guerres à faire, et

bien des appétits à satisfaire. Enfin son bon plaisir est, au besoin,
l'*ultima ratio*, l'argument irrésistible. Il l'emploie, à vrai dire, rarement encore, et se préoccupe de justifier ses actes. Il ne veut pas
violer ouvertement ses promesses ou celles de ses prédécesseurs. De
plus, il a l'habitude de demander plus qu'il ne veut. Un marchan-
dage, une transaction sont presque toujours possibles. L'important,
pour lui, est d'avoir de l'argent. Il ne lui est pas particulièrement
agréable de l'avoir par la voie brutale. Il consent à discuter.

Et, dans la discussion, non plus, cette fois, officielle, publique,
mais discrète, à voix basse, il tient en réserve, sinon des arguments,
au moins des attitudes qui embarrassent singulièrement le Consulat, porte-parole de la cité. Il n'y a pas toujours identité d'intérêts
entre la ville et les échevins; le roi le sait bien. Il arrive, en
effet, que le prix auquel le Consulat achète le maintien d'un privilège est si élevé que mieux vaudrait pour la ville y renoncer. Mais
ce ne serait point du goût de ceux des habitants qui réellement en
profitent. Telle est, par exemple, l'exemption des tailles. La masse du
menu peuple non-propriétaire n'en tire aucun bénéfice. Bien plus,
c'est pour lui une lourde charge. Car toute dépense de la ville se traduit
par une augmentation des octrois. S'il faut donner au roi une somme
d'argent pour conserver une franchise, le Consulat sollicite un nouvel
octroi qui permettra de la trouver ou de servir les intérêts à ceux
qui s'empressent de la prêter. Et les octrois sur le vin et les objets
de consommation augmentent sans cesse, au grand mécontentement
des classes inférieures qui en souffrent, tandis que les échevins et
les gros bourgeois, le clergé, bénéficient d'exemptions ou de faveurs
soigneusement dissimulées [1]. Ce n'est pas tout. L'argent qui
entre, de ce chef, dans les caisses de la ville et que le Consulat
dépense sous le contrôle de la Chambre des Comptes, mais sans
aucun contrôle des habitants, est parfois consacré à des usages qu'il
serait imprudent de préciser. L'administration consulaire, très aristocratique et qui ne sort guère de quelques familles, est loin
d'être irréprochable. Or, la crainte du scandale est le commence-
ment de la sagesse. Les Lyonnais sont patients, mais ils peuvent

1. Les bourgeois riches de Lyon avaient intérêt à maintenir l'exemption des
tailles, non seulement parce qu'ils possédaient la plupart des maisons de la ville,
mais aussi parce que le privilège s'étendait à leurs terres et maisons de plaisance.

garder longtemps une colère sourde qui, tout-à-coup, éclate. Pris entre la crainte d'une émeute et la volonté royale dont, après tout, il y a moyen de tirer parti, le Consulat sait céder à propos. Heureux encore de se retrancher derrière cette volonté, et de la solliciter même, si le danger est trop menaçant. — En somme, le roi tout-puissant n'aime pas à déployer toute sa vigueur pour vaincre un adversaire qu'un chantage habile peut rendre immédiatement conciliant. Du jour où le liquidateur royal a regardé les livres de comptabilité de la ville, le pouvoir royal a fait à Lyon un grand progrès. Quand il plut à Henri IV, en 1609, de faire racheter par la ville 800.000 livres de ses dettes et 160.000 livres de ses domaines, il n'eut qu'à la menacer d'un partisan qui se chargeait de l'opération sans surcroît d'impôts, pourvu qu'on lui confiât l'administration de Lyon pendant 14 ans et qu'il pût procéder à une révision des comptes. Le Consulat s'écria qu'un tel homme, « ne tendait qu'à troubler son repos par une recherche des principales familles qui avaient passé par les honneurs consulaires et à travailler par des vérifications nouvelles des créanciers légitimes », paya 100.000 livres pour éviter le partisan et accepta toutes les conditions du roi [1]. Le roi se déclara satisfait.

Le Consulat l'était moins sans doute, quoique sauvé. Mais il garda longtemps rancune à Sully, l'inspirateur financier du roi, qui avait fort adroitement touché du doigt l'infirmité native du Consulat.

Aristocratie bourgeoise, plus soucieuse de ses intérêts propres que de ceux qu'elle est censée représenter et qu'elle a le devoir de défendre, le Consulat ne peut avoir dans une situation fausse qu'une attitude hypocrite. Ce qui ne va pas sans engendrer quelques désagréments. Car malgré toutes les précautions et toutes les habiletés, le tapage tant redouté éclate quelquefois.

En l'an 1618, les Lyonnais s'aperçurent qu'ils payaient depuis vingt-trois ans le subside de 3 livres par pièce de vin qu'Henri IV avait autorisé la ville à percevoir en 1595 pour le paiement de ses dettes, en même temps que le tiers-surtaux de la douane. Ce subside énorme s'ajoutait aux droits royaux d'aides ($1/8^e$ et $1/10^e$) déjà très lourds, à celui de

---

1. BB. 154, f° 78 (15 mars 1618).

10 sols pour l'entretien des pauvres, et aux anciens octrois. Or, les dettes auraient dû être payées depuis longtemps ; mais le roi et le Consulat s'étaient entendus pour prolonger la perception des subsides, et les utiliser à leur guise. Comme on ne parlait pas d'en finir, les cabarétiers et hôteliers se rendirent, le 13 février, en foule au Consulat pour lui signifier qu'ils allaient fermer boutique, si le subside n'était pas aboli. Les échevins le prirent de haut, parlèrent de « sédition et monopole » et les menacèrent de punitions corporelles [1]. Huit jours après (20 février), une « grosse troupe de gens, » conduite par les capitaines pennons et les enseignes de chaque quartier, se présenta au Consulat. Les capitaines déclarèrent qu'un malheur était imminent si on ne décidait l'abolition immédiate. Le Consulat se plaignit amèrement qu'il y eût des meneurs, de mauvais citoyens, mais promit d'en référer à l'intendant Olier et au gouverneur. Les pennons se retirèrent, disant qu'ils ne répondaient plus du maintien de l'ordre.

Le 1er mars, une foule bruyante assiégea les portes de l'Hôtel de Ville, les força et envahit la Grand'Salle. Les consuls, ayant demandé de quoi il s'agissait, ne reçurent « autre réponse, sinon confuse et tumultueuse, qu'ils se plaignaient » du subside, avec « plusieurs autres paroles mêlées par le dedans, telles que peuvent naturellement produire les peuples émus. »

Ils comprirent pourtant, et promirent d'agir. Le 15 mars, après avis du gouverneur, il y eut assemblée générale des principaux de la ville : deux chanoines de Saint-Jean, six représentants de la sénéchaussée, cinq du bureau des finances, quatre avocats, trente exconsuls, quatre-vingt-deux bourgeois notables. Ils décidèrent d'envoyer en cour le premier échevin, Jean Goujon, pour régler l'affaire du subside et en obtenir la prochaine abolition et le remplacement. Car les vieilles dettes de la ligue n'étaient pas éteintes (26.027 livres restèrent à payer) et la ville en avait fait d'autres. Il était dû en tout 115.032 livres [2].

La mission de Goujon était plus délicate qu'elle ne semblait. Car,

---

1. Pourtant, ils firent placarder une affiche, disant que le subside serait aboli l'année suivante.

2. BB. 154, fo 109 (15 mars 1618).

si le Consulat n'avait fait que de vagues allusions aux causes de la sédition, il ne les ignorait pourtant pas. Le mouvement avait un auteur responsable. C'était le propre lieutenant du gouverneur, le comte de Saint-Chamond. Cet homme habile avait tout le tempérament d'un agitateur. Ses démêlés avec Halincourt occupaient l'opinion depuis plus d'un an [1]. Le gouvernement, n'osant prendre parti dans leur querelle, laissait faire. Saint-Chamond, dont le but, semble-t-il, était de prendre sa place, de supplanter à Lyon la famille d'Halincourt qui y était largement pourvue et qui s'efforçait de s'y perpétuer, avait facilement aperçu les compromis et les marchandages sur lesquels reposait l'entente cordiale entre les échevins et le représentant du roi. C'est lui qui s'était chargé d'éclairer le menu peuple sur la conduite du Consulat. Ses « paroles et ses écrits » avaient excité la sédition des cabaretiers et des hôteliers. Il ne se gênait pas pour dire son mépris des échevins et les accuser de malversations. Quand il rencontrait le prévôt Baraillon, il lui promettait des coups de bâton, et, entre temps, ravageait avec ses hommes les métairies des gros bourgeois de la ville. Bref, disait-on au Consulat, c'était un vrai « tribun du peuple ».

Tout son plan échouait, si Jean Goujon rapportait de la cour un arrangement satisfaisant. Aussi l'y prévint-il. Quand Goujon arriva à Saint-Germain, Saint-Chamond lui fit demander communication du mémoire qu'il apportait au Conseil. Goujon qui avait l'ordre de ne pas lui parler, refusa fièrement : le Consulat n'avait-il pas le droit de communiquer directement avec le roi et nos seigneurs du Conseil ? Saint-Chamond n'était pas patient. Quand Goujon sortit du logis de Pontchartrain, un inconnu qui, flanqué de deux laquais, l'atten-

---

1. Melchior Mitte de Chevrières, marquis de Saint-Chamond, lieutenant du gouverneur d'Halincourt depuis 1617, était entré en conflit avec lui, à propos de la levée d'un régiment. Il avait refusé de prendre l'*attache*, c'est-à-dire les ordres du gouverneur. Halincourt riposta à cette insubordination en occupant le château de Montagny, dont le seigneur avait obéi à Saint-Chamond. Celui-ci marcha sur Montagny avec 7.000 hommes recrutés dans le plat pays, qui lui était sympathique, et Halincourt, effrayé, évacua Montigny et signa la paix. Saint-Chamond, ayant licencié son armée, d'Halincourt l'attaqua de nouveau à l'improviste dans Montbrison, et, l'ayant obligé d'en sortir, ravagea le Forez. C'est alors que l'arbitrage du roi intervint, pour faire cesser cette guerre qui avait duré dix-huit mois. Saint-Chamond reçut 225.000 livres, laissa sa charge au second fils d'Halincourt, qui fiança sa fille au fils aîné de Saint-Chamond.

dait à la porte, le roua de coups de bâton (27 juin). On imagine
l'émotion du Consulat en apprenant « cette honteuse et injurieuse
tragédie «jouée aux dépens de l'honneur de la ville sur le théâtre de
la cour, à la vue du roi et de la cour, voire, pourrait-on dire, de la
France entière, puisque la cour est le centre où aboutissent toutes
les lignes de la circonférence de la monarchie française [1]. » Il n'est
plus question d'autre chose à l'Hôtel de Ville. Il faut obtenir une
réparation exemplaire. On convoque les notables : Lyon a été «battu
sur l'épaule » de Goujon ; ce serait être « sans cœur et sans courage » que de dévorer l'affront. Séance tenante, une députation est
envoyée en cour. Le prévôt Baraillon part avec quatre ex-consuls, le
président de l'élection et un conseiller de la sénéchaussée. On leur
vote 3.600 livres pour leurs frais de route.

L'affaire fut assez vite menée, mais ne se termina pas à l'entière
satisfaction du Consulat. Le coupable, nommé Deville, était
valet de Saint-Chamond. Mais il avait fui ; on le chercha peu, et il
resta introuvable. Le grand prévôt de l'hôtel le condamna sévère-
ment. Il devait faire amende honorable, pieds nus, en chemise, la
corde au col, tenant en main une torche ardente, demander pardon
à Dieu, au roi, aux échevins et à Goujon ; puis être attaché au
poteau à Lyon, et enfin banni du royaume à perpétuité, à peine à
lui d'être pendu et étranglé s'il rompait son ban. Ses biens seraient
confisqués ; il paierait 2000 livres d'amende (7 août). Mais on ne le
tenait pas, et il n'avait pas de biens. On ne put qu'attacher au poteau
son effigie [2].

Le Consulat pensa que c'était insuffisant. Il n'en dit rien, mais sa
colère contre Saint-Chamond s'en accrut; d'autant que les rieurs
n'étaient pas de son côté, que Saint-Chamond était toujours lieutenant du gouverneur, et que le roi ne paraissait pas disposé à sévir.
Au contraire, il travaillait à réconcilier Halincourt et Saint-Chamond. MM. de Ventadour et de Lesdiguières, désignés comme
arbitres de leur vieille querelle, invitèrent le Consulat à faire connaître ses griefs contre Saint-Chamond. Celui-ci refusa d'abord,
alléguant qu'il n'avait rien à démêler dans cette affaire, et que,

---

1. BB. 154, f⁰ 149 (2 juin 1618).
2. BB. 154, f⁰ 232 (21 août 1618).

pour Saint-Chamond, sa seule demande était qu'on en débarrassât le pays. Puis il se résigna à obéir à une nouvelle sommation et envoya à Vienne, où siégeaient les arbitres, un échevin avec le procureur de la ville. Ils devaient avant toute chose demander une punition sévère de l'offense faite à Goujon et le départ de Saint-Chamond [1].

Le Consulat avait bien raison de se méfier des arbitres de Vienne. Saint-Chamond lui avait préparé une surprise désagréable. Il avait parlé de l'administration consulaire de Lyon et, de ses critiques, conclu à une réforme. Il, demandait des assemblées générales de citoyens à voix délibérative, suivies d'une élection plus démocratique du Consulat. Voilà donc que ce pauvre Consulat, battu, humilié de n'avoir obtenu qu'une satisfaction dérisoire, se voyait transformé en accusé, et devant des juges sans compétence. Décidément, le « tribun du peuple » était exaspérant. Il voulait de grandes assemblées pour continuer les factions, changer les coutumes pour troubler le repos de la ville. Les assemblées sont « occasions de murmures, monopoles et séditions que les factieux de M. de Saint-Chamond y voudraient ménager ». Ce qu'il veut, c'est détruire le pouvoir des échevins qui sont « gens d'honneur, bons serviteurs du roy » et qu'il déteste parce qu'ils n'ont voulu « adhérer à ses remuements ». Au demeurant, MM. de Ventadour et Lesdiguières n'ont rien à voir à tout cela. Ils n'en ont pas moins, contre toute justice, écrit au roi toutes ces folies factieuses ; bien plus, ils ont demandé des lettres d'abolition pour Deville. Vite, il faut retourner au roi pour détourner ces nouveaux coups.

Le Consulat en fut, cette fois, quitte pour la peur. Le roi n'aimait pas plus que lui les assemblées populaires, et il n'avait pas lieu de se plaindre de ses bons serviteurs de Lyon. Mais, rassuré sur ce point, le Consulat dut se résigner à une paix sans gloire. Le marquis de Thémines rendit l'arrêt définitif d'arbitrage entre Halincourt et Saint-Chamond, les réconcilia, tandis que les échevins acceptaient la grâce de Deville. Ils obtinrent pour toute satisfaction que ce valet vînt à Lyon lire une lettre d'excuses. Et devant les consuls, les notables bourgeois, les capitaines pennons, les conseillers de la séné-

---

1. BB. 154, fos 274-281.

chaussée, le clergé, les conseillers de la sénéchaussée, les trésoriers de France, en présence d'Halincourt et de l'intendant Olier, Deville lut sa lettre à laquelle le prévôt, puis Goujon répondirent : « En conséquence du commandement du roy et de la satisfaction à nous faite, nous vous pardonnons et remettons l'offense. » C'était peu de chose que les excuses d'un laquais pour deux années de désagréments, quelques séditions, une bastonnade et une grande frayeur (6 mai 1619). Entre temps, l'affaire du subside était réglée. Le roi l'avait aboli. Et comme des créanciers de la ville s'étaient présentés pour toucher leurs créances sur l'entrée du vin, on les avait renvoyés à des temps meilleurs. Il fallait bien, après tout, passer sa mauvaise humeur sur quelqu'un. Le métier d'échevin n'est pas toujours gai [1].

Aussi, le Consulat était-il fort peu disposé à se mettre sur les bras une nouvelle affaire. Mais les affaires se présentent sans qu'on les cherche. Il est difficile de vivre tranquille à Lyon. Voici venir [2] (20 nov. 1618) des marchands qui se plaignent d'être « gourmandés, vilipendés, outragés » aux portes de la ville par les gardes du roi. Puis, tous les jours, les plaintes recommencent. L'un raconte qu'allant à sa campagne, à une lieue de Lyon, avec quelques provisions, on l'a fouillé, on lui a « arraché son manteau, l'appelant chauld coquin, maraud, vilain, lui disant qu'il passerait par là vu qu'ils y en faisaient bien passer d'autres qui étaient aussi grands seigneurs que lui... » Muletiers, voituriers, conducteurs de marchandises subissent des exactions insupportables. N'eût-on que la valeur de 5 sols, il faut payer des taxes arbitraires. Cela se répète dans le royaume et à l'étranger. Le commerce se détourne de Lyon. Que le Consulat fasse quelque chose ! Qu'il envoie des notables aux portes ! Ils verront qu'il n'y a rien d'exagéré. Les exactions des gardes n'égalent que leurs insolences.

Le Consulat répond peu ou ne répond pas. Il sait bien que le public a raison. Mais il envoie les plaignants au gouverneur, à l'in-

---

1. BB. 155, fos 241-253. *Ibid.*, fo 152 (28 fév. 1619).
2 Pour toute cette affaire, voir les délibérations consulaires du 4 décembre 1618 au 29 janvier 1619, et *passim* du 14 mars au 24 nov. 1619 (BB. 154, 155).

tendant Olier. Eux seuls ont qualité pour agir sur les agents du roi. Ils savent bien que le maîtres des portes et ses douze gardes n'ont rien à faire qu'à molester le public. Créés pour surveiller le paiement du droit royal de rêve, haut-passage et foraine [1], et de la douane, ils n'ont plus de raison d'être depuis que la ville paye au domaine un revenu annuel fixe de 3.500 livres qui l'a rachetée du rêve, et depuis que la douane est affermée. Ils se contentaient jusqu'ici d'exister sans rien faire. C'est une ordonnance royale interdisant la sortie de l'or et de l'argent du royaume qui leur a donné, avec un semblant d'attributions, un surcroît d'insolence. Mais il est clair qu'une telle ordonnance, si elle était appliquée, ruinerait radicalement tout commerce à Lyon [2]. Le gouverneur et l'intendant ont qualité pour faire au roi les représentations nécessaires.

Mais gouverneur et intendant [3] sont peu soucieux de prendre à leur compte les griefs des marchands lyonnais. A ces gardes qui se conduisent chaque jour comme des fous furieux, ils n'envoient que de paternelles remontrances. La colère augmente d'heure en heure. Voici de nouveau les marchands à l'Hôtel de Ville (28 janvier 1619) : « Un remède palliatif ne suffit pas, il faut un remède curatif... Lesdits gardes... rendent les portes de cette ville plus décriées et redoutées par leurs pilleries et larcins que les plus épaisses et dangereuses forêts du royaume. » On remboursera leurs offices s'il le faut, mais qu'ils disparaissent ! Lyon est dans une condition pire « que la moindre bicoque d'où chacun peut à sa fantaisie sortir librement et porter par tout le royaume son or et son argent. » Les échevins écoutent ces plaintes, mais refusent de faire les frais d'une députation à Paris. L'affaire est épineuse. Que les marchands délèguent eux-mêmes quelques-uns des leurs. Ils acceptent, et en désignent quatre : Guillaume Picou, Daniel Perrin,

---

1. Droit sur les marchandises qui sortaient du royaume ou qui allaient de Lyon dans les provinces où les aides n'ont point cours. La ville l'avait racheté en 1555.

2. L'interdiction n'était pas absolue. Mais on ne pouvait sortir de l'argent de la ville, qu'avec un passeport indiquant la somme, et rentrer qu'avec des certificats établissant l'usage fait de l'argent, — c'est-à-dire que, pratiquement, c'était la permission aux gardes des portes de faire aux Lyonnais toutes sortes de vexations, « pour l'achat de 10 livres d'amandes, ou d'un cabas de figues. » (BB. 155, fo 84).

3. L'intendant Olier, nommé le 11 nov. 1617, en remplacement de Montholon, successeur de du Refuge depuis 1607.

René de Sénelinges, Ysaac Roux. Le Consulat les accompagne de ses vœux et y ajoute un conseil : « ne pas laisser échapper la moindre parole qui puisse — on ne dit pas offenser — mais donner du mécontentement à ceux qui nous obligent de leur protection et faveur [1]. »

Nos hommes partent pleins d'enthousiasme. Ils vont « de ces gardes ne laisser la moindre racine, ains remuer la terre quatre pieds au dessous. » Mais leurs illusions se dissipent vite, au contact des gens de cour. Ils ne sont pas habitués aux manières diplomatiques, parlent librement d'Halincourt et du Consulat. L'agent Demoulceau, que la ville entretient en permanence à Paris, refuse, en homme prudent, de se mêler de leurs affaires [2]. Cependant les gardes ont, eux aussi, député en cour [3]. Tout s'est gâté. Les députés des marchands reviennent à Lyon, furieux, brouillés avec tout le monde, sans avoir rien obtenu. Les gardes, triomphants, sont plus insolents que jamais.

Le Consulat a cru habile de laisser faire ; il ne s'est pas compromis auprès de la Cour. Mais l'opinion à Lyon lui est hostile. Les marchands veulent lui faire payer son abstention, aux élections de décembre 1619. Tout s'y passait généralement sans incident, la cérémonie étant réglée d'avance. Le Consulat, d'accord avec le gouverneur, désignait officieusement aux maîtres des métiers (qu'il nommait lui-même) les deux candidats qui devaient remplacer les échevins sortants. S'il y avait eu parfois des difficultés, elles étaient venues d'un désaccord entre le Consulat et le gouverneur, jamais d'une divergence entre les électeurs et le Consulat. Mais cette fois, le corps électoral juge l'accord du Consulat et du gouvernement trop

---

1. Ils en ajoutent un autre qui est singulier : « Les députés prendront soin de ne pas dire que Lyon n'est plus frontière ; parce que, sur cette considération, il a obtenu tous ses privilèges. Ainsi, il le faut toujours appeler tel… » (BB. 155, 86, 29 janv. 1619). Les Lyonnais avaient, en effet, l'habitude très ancienne de mettre en avant, dans leur discussion avec le gouvernement, les sacrifices qu'ils s'imposaient pour la garde de leur ville, en tant que ville-frontière, des domaines du duc de Savoie. Mais elle ne l'était plus depuis le traité de 1601. L'argument servait toujours, ainsi qu'on voit, et les ministres n'étaient, sans doute, pas en état d'en vérifier l'exactitude.

2. BB. 155, f° 170 (14 mars 1619).

3. Ibid., f° 256 (6 mai).

parfait, car il s'est fait aux détriments de ses intérêts, et il regimbe. Les élections se font dans l'agitation. Les candidats de la municipalité sont battus. Le prévôt des marchands les proclame élus quand même. Aussitôt, grand tapage. Les électeurs les plus violents « jurent le nom de Dieu », sautent par-dessus les bancs, obligent le prévôt à recommencer le vote. Les opposants sont élus, sans doute possible. Malgré sa douleur, le prévôt rédige et signe le syndicat (procès-verbal de l'élection) [1].

Or, les deux candidats élus sont précisément Picou et Perrin, deux des députés marchands envoyés en cour pour l'affaire des gardes. La manifestation des électeurs est bien claire. Mais si le Consulat avait, comme il se plaît tant à le répéter, l'unique souci de garder fidèlement les libertés de Lyon, son premier devoir serait d'accepter la libre manifestation de la volonté des électeurs. Il s'en garde bien. Ces électeurs sont des rebelles ; ils ont agi « par brigue » ; ils ont crié : « Vivat ! » en sortant de l'Hôtel de Ville ; ils avaient « personnes à leur dévotion » dans les environs ; et depuis, « ils font de leur victoire un tel trophée, et s'en élèvent en sorte qu'on dirait à les ouïr qué la sédition et tumulte sont grand'vertu ; » or, ce sont « choses de périlleuse conséquence [2]. »

Vite, on écrit au roi, qui n'aime pas non plus la sédition et le tumulte. Il casse le syndicat [3], et fait dire par l'intendant Olier que es échevins sortants sont maintenus en fonctions pour un an. L'ordonnance est publiée à son de trompe à tous les carrefours de la ville. Picou et Perrin, effrayés, vont déclarer par devant notaire qu'ils « ne veulent plus se prévaloir de leur nomination, ains s'en départent et se désistent. » Indulgent, le roi veut bien renoncer par lettres patentes « aux informations et poursuites qui se font pour raison des désordres [4]. »

L'ordre règne maintenant, et la bonne entente est rétablie. Le seul vaincu dans cette bataille, c'est Lyon, qui perd jusqu'à l'apparence de ses libertés municipales. Tous les bavardages hypocrites n'y font rien. Le roi et le Consulat sont deux compères. Leurs que-

---

1. BB. 155, f° 770 (15 décembre 1619).
2. BB. 155, f° 780 (17 décembre 1619).
3. 24 décembre.
4. BB. 156, f° 38 (16 janv, 1620).

relles ne sont pas sérieuses. Ils se retrouvent unis quand il s'agit de défendre leurs intérêts communs. Les libertés de la ville ne sont intéressantes que lorsque l'un et l'autre trouvent leur compte à les défendre. Mais ce qui est vraiment sacré, c'est l'intérêt du fisc royal et celui des familles d'aristocratie bourgeoise qui détiennent l'autorité et les honneurs consulaires, c'est-à-dire la disposition de la caisse municipale, les fauteuils de velours et les robes de damas violet.

Les gardes des portes n'ont plus à se gêner. Ils peuvent impunément rançonner et bâtonner les marchands qui ont le courage de franchir les portes redoutables de la ville. Les plaintes des victimes continuent pendant six mois encore. Comme il faut pourtant en finir ou se donner l'air de faire quelque chose, on parle de nouveau, en juin, d'une députation en cour. Le Consulat convoque une assemblée de notables. Sur soixante et onze, seize se présentent; l'indifférence a succédé au tumulte. On nomme cinq délégués. Mais, comme le Consulat refuse de voter des frais de voyage, ils ne partent pas [1]. On s'en remet à la bonne volonté du Conseil qui, enfin, le 19 décembre 1620 [2], décide, sur avis de l'intendant Olier, de fixer à deux sols par fardeau de marchandises sortant par eau, à un sol par balle sortant par terre, les droits à percevoir par les gardes des portes. Ce sera le revenu attaché à des charges dont l'inutilité n'est plus contestable depuis que la défense d'exporter la monnaie a été levée (29 mars 1620).

Un tel incident a du moins l'avantage de déchirer les voiles, et de montrer aux plus entêtés la réalité qui se dissimule derrière la complication des formes du régime. Il n'y a plus à Lyon deux pouvoirs qui se tiennent en respect. Le Consulat n'est qu'un sous-agent de la volonté royale à qui il plaît de s'installer dans les organismes anciens. Et il en prend les caractères; il opère lentement, confusément, solennellement, et coûteusement. En effet, il conserve de ses origines l'habitude d'un langage spécial où il n'est question que des intérêts d'un groupe d'hommes qu'il est censé représenter; s'il remplit toujours gratuitement les services publics dont il est

---

1. BB. 156, fo 111 (13 juin 1620).
2. Arch. mun. Inv. Chappe, XX, 128.

chargé, le langage devient chaque jour plus mensonger, et la gratuité est un leurre. Les dépenses extraordinaires, frais de voyages, de costumes, de fêtes et de banquets, les faveurs, les gratifications faites aux employés, parents ou amis, augmentent sans cesse. La défense des intérêts de la ville couvre de singuliers agissements financiers. Il arrive que la somme dépensée en voyages pour obtenir une réduction d'impôts, est au moins égale à l'économie qu'on désire réaliser.

Mais, par dessous ces organismes compliqués, ces paroles confuses et ces actions équivoques, il y a cent mille habitants qui vivent et qui pensent. Quels sont leurs désirs vrais ? Sont-ils satisfaits, mécontents ou résignés ?

A vrai dire, quelques agitations superficielles ne doivent pas faire illusion. On n'aperçoit pas, dans les documents qu'ont laissés d'eux les hommes de ce temps, un désir réel, profond, d'indépendance. Il ne leur tient pas à cœur de faire eux-mêmes leurs affaires, et ils ne semblent pas se souvenir qu'il fut un temps où ils les faisaient. Mais, par contre, ils désirent avec une ténacité, une persévérance qui ne se démentent jamais, qu'elles soient bien faites, que les autorités diverses dont leur sort dépend soient d'accord pour ne les pas ruiner par sottise ou par ignorance.

Or, l'ignorance et la sottise dominent dans la gestion administrative, et ils ne sont pas contents. L'opinion générale est déjà, vers 1620, que rien ne va bien. Lyon est lésé dans ses intérêts économiques profonds, par une pratique et une législation financières incohérentes et absurdes.

Pratique des agens du roi, pratique du Consulat sont également onéreuses. L'exemption des tailles, privilège si envié et si cher, est à chaque instant menacée par le zèle des élus du plat-pays [1]. Il faut plaider contre eux, députer en cour pour venir à bout de leur résistance. Rien n'est stable; tout est perpétuellement remis en question dans ce régime. Un habitant de Lyon, industriel ou commerçant, ne sait jamais, à aucun moment, ce qu'il doit au fisc pour les opérations, tant la réglementation douanière est compliquée, et laisse place aux interprétations frauduleuses des fermiers.

---

1. BB 150, fos 71, 74, 85, 145, année 1614.

La vie économique de Lyon est enserrée dans un ensemble de règlements faits au cours des siècles, sans plan logique, sans idée directrice fixe, enchevêtrés, obscurs et contradictoires. Les contemporains les discutent sans cesse, et en tirent des conclusions opposées. Chaque texte est matière à procès. Nul n'y voit très clair. Pourtant, dans le fatras des plaintes, des mémoires, des lettres, il est possible de discerner que cette vie économique s'installe entre les mailles d'une triple législation, celle de la douane de Lyon, celle des foires franches, celle de la douane de Valence [1].

La douane de Lyon, créée par François Ier (26 juillet 1540), se levait à l'origine sur les étoffes étrangères importées en France. Elles étaient assujetties à l'obligation de passer par Lyon, pour y acquitter les droits, quel que fût leur pays d'origine. Singulière disposition, qui favorisait Lyon en y créant un certain mouvement d'affaires, mais bien gênante pour le reste du royaume. Peu à peu, le nombre de marchandises soumises à la douane de Lyon augmentant, il était devenu impossible de leur faire faire à toutes le voyage de Lyon. Les épices, par exemple, qu'une ordonnance du 10 septembre 1543 soumettait à la douane, pouvaient acquitter les droits à Marseille et à Rouen. Lyon ne conservait son monopole que pour celles qui arrivaient par les routes de terre. Et, comme il était naturel de s'y attendre, toutes les villes et provinces lésées s'efforçaient de s'affranchir du monopole lyonnais à mesure que la liste des marchandises s'allongeait. Le procédé le plus simple était de créer des bureaux locaux de la douane de Lyon. Les autorités provinciales en Dauphiné, Provence, Languedoc, Bourgogne, Picardie, Champagne, avaient, grâce à la complicité du fermier de la douane, qui y trouvait son compte, et grâce à la tolérance du gouvernement, réussi à avoir leurs bureaux. Grande colère à Lyon. On proteste auprès du Conseil. C'est une ruine pour la ville, qui était le grand marché de tout le royaume. Cette ville « la plus commode de la chrétienté pour attirer comme dans une mère-fontaine tous les filets du négoce qui se font par toutes les parties de la terre con-

---

1. Il va de soi que en dehors de ces trois institutions, il y en a d'autres qui intéressent aussi le régime douanier des Lyonnais, par exemple, la rêve de Lyon, la foraine de Languedoc, et même les cinq grosses fermes. Mais celles-ci n'agissent pas aussi directement, aussi profondément sur sa vie économique.

nue », demeure maintenant « dépeuplée, appauvrie et tellement débilitée lorsque le commerce s'en retire, qu'elle se trouve exposée à tous les dangers que peut encourir une place de telle importance, sur laquelle les étrangers ont toujours les yeux fixés. [1] » Le Conseil a bien fait une ordonnance (10 mars 1612) supprimant tous les bureaux « obliques » ; mais personne ne l'a exécutée. Le parlement de Grenoble, la Chambre des Comptes d'Aix ont même rendu des arrêts qui l'annulent. C'est le résultat, dit-on à Lyon, des brigues du fermier.

Mis en demeure d'agir, le Conseil reste muet. Le fermier triomphe ; et son triomphe l'enhardit. Il prétend bientôt faire juger lui-même par des hommes à lui les différends relatifs à la douane. « Depuis que la porte a été ouverte à toutes sortes d'inventions ruineuses, il ne s'en est présenté aucune de plus grandes conséquence et de préjudice plus certain et important ; les autres chacun à part soi, n'ayant offensé que quelques membres du commerce ; mais celle-ci donne aux chefs et à chacun des membres des coups mortels. [2] » Cette fois, le fermier est battu. Mais, en fait, il reste le maître des tarifs compliqués qu'il modifie avec sans gêne ; et mieux vaut, presque toujours, « composer » avec ses commis que risquer un procès.

Les Lyonnais affirment qu'avec la douane le privilège des foires est le fondement de la prospérité de la ville [3].

Privilège précaire, lui aussi. Il y a des fermiers avides qui le menacent et le minent. Ces gens-là sont puissants. On apprend un jour (21 mai 1615) que le fermier de la foraine du Languedoc a obtenu arrêt du conseil qui l'autorise à percevoir les droits même pendant les foires. Deux cents marchands se présentent au Consulat et s'écrient avec véhémence « que c'est leur couper la gorge, qu'ils seront contraints abandonner la ville, fermer leurs boutiques, et se retirer en d'autres petites villes auxquelles les franchises des foires

---

1. BB. 148, f° 61 (11 mai 1612).
2. BB. 148, f° 151 (29 décembre 1612).
3. Ce privilège consistait dans l'exemption de tous les droits de sortie, quatre fois par an, pendant 15 jours. Mais en fait, l'exemption ne comprenait que la rève de Lyon, la foraine de Languedoc et de Provence, et les droits de sortie des cinq grosses fermes. En aucun cas, l'exemption ne portait sur la traite domaniale et la douane de Valence.

sont conservées..., que cette ville qui est ville frontière, chargée de grand guet et de garde, dont ils sont travaillés tous les jours, et de deniers-subsides, est plus grevée que ville de France... » Ils ajoutent que tout est à craindre, « quelque émotion populaire, et que ceux qui ont quelque chose à perdre ne courent fortune de leur vie et de leurs moyens.... Ils aiment mieux..., se retirer à Besançon ou à Genève où les privilèges qui leur sont promis de jour à autre leur seront maintenus [1] ».

Encore une députation, encore de la diplomatie et de l'argent. Si l'on réussit à obtenir gain de cause, qui peut être sûr du lendemain ?

L'histoire de la douane de Valence peut rendre sceptiques les plus naïfs. Elle est instructive et édifiante. Le connétable de Montmorency l'avait établie en 1595. Toutes les marchandises « passant de montée et de descente tant par terre que par eau en la ville de Vienne, Sainte-Colombe et Valence », y furent soumises jusqu'au paiement complet de 25.000 écus. Mais, cet objet rempli, la perception continua. Il fallut l'intervention de la ville de Lyon et des États du Dauphiné pour obtenir du Conseil d'État un arrêt de suppression (12 fév. 1611). Et, vers la fin de 1615, voici que des bruits fâcheux commencent à courir, « de la poursuite qui se fait en cour par ceux du pays de Dauphiné pour le rétablissement de la douane. » Voici de nouveau le Consulat « père du peuple » assiégé par les marchands de la ville, tant régnicoles qu'étrangers. Il faut prévenir un coup si funeste. Toujours prudent, le Consulat interdit d'abord les assemblées en ville, comme « perturbateurs du repos et de la tranquillité publique » et promet de provoquer une manifestation collective des villes de Marseille, de Montpellier et d'Avignon, et de saisir de l'affaire l'agent de la ville à Paris, Demoulceau [2].

Demoulceau est à Lyon. Il a quitté Paris, et ne se soucie guère d'y retourner, « vu le peu de sûreté qu'à présent il y a par les chemins, vu le temps de trouble devant lequel on ne peut faire voyage sans courir le hasard de plusieurs inconvénients, et particulièrement de se voir pris prisonnier et arrançonné ». On le supplie « de ne point défaillir à sa patrie dans une occasion si urgente ». On lui donne de

---

1. BB. 151, fo 58.
2. BB. 152, fo 15 (14 janv. 1616).
3. BB. 152, fo 18 (21 janvier 1618).

l'argent [3]. Il accepte enfin, et part. Mais ses efforts n'aboutissent qu'à retarder la calamité que chacun redoute. Quatre ans plus tard (21 déc. 1621), le fermier tenace a triomphé. La douane de Valence reconstituée est désormais pour deux siècles le sujet des plaintes incessantes des Lyonnais [1]. Bientôt cette douane va les enserrer de son réseau. Simple péage du Rhône au début, elle devient en quelques années une barrière puissante à laquelle aucune des routes menant à Lyon n'échappe [2]. Toutes marchandises paient à l'entrée et à la sortie. Le fabricant lyonnais qui reçoit une balle de soie d'Avignon acquitte les droits d'entrée à Valence, les droits de sortie quand il l'envoie mouliner en Bresse, de nouveau les droits d'entrée quand la même soie revient pour être tissée à Lyon, et de nouveau les droits de sortie, quand il expédie l'étoffe à un client du royaume ou de l'étranger. Et voilà qu'en définitive, ayant depuis la création des « bureaux obliques » perdu les privilèges que lui assurait la douane de Lyon, voyant chaque jour ruiner la franchise de ses foires, Lyon se trouve, par la douane de Valence, dans une situation plus misérable que les villes qui n'ont pas été l'objet de la sollicitude des rois.

Sans doute, on sait bien à Lyon, comme ailleurs, que la faculté d'acheter et de vendre n'est point un droit, qu'elle est un privilège qu'il faut payer au souverain. Mais le régime des privilèges a de graves inconvénients. Il est toujours instable, soumis aux caprices du souverain, et il est battu sans cesse en brèche par les intérêts antagonistes qu'il blesse. Il provoque entre voisins une guerre constante où il n'y a guère que des vaincus. Car la vie, les habitudes, le travail, se moulent sur cette législation bizarre; et le moindre dérangement cause un malaise; les transformations brusques, un désastre. Il a aussi cet autre inconvénient que son incohérence et son instabilité en arrivent à fausser les esprits. Nul ne sait plus distinguer son véritable intérêt, dans ce dédale de chicanes. Il est malsain de vivre continuellement hors du bon sens, et de la logique, et

---

1. Un arrêt du 11 mai 1624 la supprima, à la condition que le minot de sel fût, pendant six ans, payé 7 sols de plus à Lyon. Mais, en 1629, elle fut rétablie. L'impôt supplémentaire sur le sel fut néanmoins maintenu.

2. La règle de perception que le fermier a peu à peu imposée est celle-ci : faire payer les droits à toutes les marchandises qui entrent dans le Dauphiné, ou qui en sortent, ou qui le traversent, et à toutes celles qui sans traverser le Dauphiné pourraient, étant donné le point de départ et le point d'arrivée, le traverser.

de la vérité. On n'en est plus à compter les contradictions, les sottises et les mensonges qui se disent de part et d'autre. On se cramponne désespérément à quelque vieux pan de mur délabré, parce que, dans l'universelle bataille, il est encore bon comme abri. Et, dans un tel état d'esprit, on a rarement la liberté ou la force nécessaire pour s'élever au-dessus de l'absurde. Et l'effort fait, on y retombe. Quand le roi demande aux marchands de Lyon leur avis au sujet de la création d'une « Compagnie pour le fait du commerce et de la navigation des îles orientales », leur réponse est sage et dénote un savoir réel, une pratique, une vue large des chose commerciales. Le projet royal attribue, selon l'usage, le monopole du trafic à la Compagnie, interdit aux particuliers, français ou étrangers, d'y jamais participer. Les Lyonnais le jugent « fort périlleux ». Il faudrait « expérimenter à quoi réussira ce voyage, s'assurer de quoy il reviendra chargé », avant de défendre aux particuliers « la recherche des traités ou l'achat des marchandises de ces îles ». Ou la Compagnie apportera les mêmes choses qui arrivent déjà sans elle, et alors « à tel prix qu'il lui plaira », ou elle ne saura pas les apporter, et « tout le commerce universel de la France en sera troublé et incommodé. » C'est, à tout prendre, une mauvaise affaire. Ils le disent franchement, suppliant le roi « de les regarder tout de même du même œil d'amour [1]. »

Six mois après, les mêmes hommes qui défendaient la liberté du commerce, et protestaient contre les périls d'un monopole, se retrouvent unis pour en réclamer un en leur faveur. Ils implorent le roi (14 mai 1619) d'appliquer un édit de 1599 aujourd'hui lettre morte, prohibant l'entrée des étoffes de soie « dont les etrangers s'enrichissent à la ruyne des Français ». C'est aux yeux des maîtres ouvriers en soie l'unique moyen de relever la fabrique qui se meurt. Et le Consulat adresse au roi de pressantes requêtes.

Que le même homme aime la protection comme industriel et la liberté comme commerçant, nous ne saurions nous en étonner plus qu'il ne convient. Mais les choses elles-mêmes sont moins intéressantes que les raisons qui les font dire. Si l'on déraisonne, c'est que

---

1. BB. 154, f⁰ 334 (18 décembre 1618. Délibér. consulaire prise après avis d'une assemblée de notables).

tout marche mal. Les foires se vident, et les métiers chôment. L'état actuel est tel, « que si Dieu n'inspire pas ceux qui ont moyen d'y remédier, on verra dans peu de temps plusieurs et quasi tous se retirer des fabriques, et une infinité de pauvres personnes qui y gagnaient leurs vies, réduites à mendicité, dont la ville demeurait grandement incommodée, comme était déjà l'Aumône Générale.., bien que grande partie de ceux dudit art, sains et valides, se voient réduits à servir les maçons, voituriers, et d'autres arts les plus infimes [1] ».

Tout est occasion de plainte et de gémissement. Les impôts augmentent. La vie est toujours plus chère. L'impôt du sel était jusqu'en 1614 de 40 sols par quintal. Depuis, écrivent les échevins en 1616 (8 nov.), « par erreur et équivoque, on paie 40 sols le minot », c'est-à-dire le double, et voici qu'on y ajoute encore 13 sols 4 deniers ». Le Consulat ne cache pas que le peuple murmure. Il espérait une décharge de l'impôt du sel, pour récompense de la contribution de la ville à l'achat des rentes et domaines de la Couronne : « les plaintes sont si hautes et communes, que les prévôt des marchands et échevins sont obligés de ne le point céler à S. M., ne sachant ce qui pourrait advenir de cette nouvelle surcharge desdits 53 sols et 4 deniers pour minot [2] ». La menace est exagérée, et le roi ne s'émeut guère. Après huit mois de supplications, il accorde (20 juin 1617) 36.000 livres que le fermier du sel paiera en quatre ans et demi, et qui seront affectés à la réparation du Pont du Rhône et des bâtiments du Collège. Le peuple n'est pas soulagé, et les finances municipales ne s'en portent pas mieux.

Car elles vont mal, elles aussi. Si les résultats de la collaboration du roi et du Consulat sont de faire des mécontents et des pauvres, les intérêts administratifs dont ils ont la garde sont en mauvais état. Le roi n'ayant qu'une préoccupation, celle de tirer le plus d'argent possible de Lyon, en a exigé en vingt-cinq ans (1595-1620) le rachat de 660.000 livres du domaine, de 600.000 livres de rentes, et 225.000 livres en argent comptant. Chaque année, pour expier son privilège de l'exemption des tailles, Lyon doit fournir

---

2. BB. 155, f⁰ 553 (19 septembre 1619); *ibid.*, 156, f⁰ 71 (31 mars 1620).
1. BB. 152, f⁰ 159.

une subvention qui varie de 8.000 à 24.000 livres. Le budget municipal plie sous ces charges. Il se compose d'un patrimoine qui ne rend pas plus de 4.000 livres, ce qui ne paye pas les commis des portes et des octrois, et qui, avec le tiers surtaux, ne suffit jamais aux dépenses ordinaires. La dette, péniblement payée sous Henri IV, s'est refaite. La ville doit, en 1620, 115.000 livres. Depuis trois ans, elle refuse de payer la subvention annuelle que le roi exige, au prix fort, 24.000 livres. Ce que voyant, les receveurs généraux du domaine font « saisir » la ville, mettre les scellés sur l'hôtel commun ; et le pauvre Consulat ne sait où « faire ses fonctions ordinaires, lesquelles il est contraint de discontinuer jusqu'à ce qu'il ait plu à S. M. le rédimer de l'extrémité où il est réduit, telle qu'il n'est point de mémoire que pareille lui soit arrivée. » Les mauvais jours sont revenus. C'est pire que du temps de Sully qui, pourtant, « se buttait à surcharger cette ville, ainsi que chacun sait [1] ».

Une grande ville où tout le monde est mécontent et se plaint, où la fortune acquise est menacée, le travail industriel et commercial en décadence, où les finances publiques sont gravement compromises et en déficit, où la population n'est plus représentée que par une aristocratie bourgeoise plus attentive à ses intérêts particuliers qu'à ceux de la communauté, où l'autorité royale s'exerce de manière confuse, maladroite, mais lourde et à peu près sans autre contrepoids naturel que celui qu'on peut trouver dans ses contradictions et ses sottises, une ville enfin, où s'étalent toutes les infirmités d'un régime dans lequel s'entre-choquent confusément des traditions anciennes à demi mortes et des pratiques récentes, incohérentes et arbitraires, voilà le spectacle qu'à la fin de 1622 le roi Louis XIII peut voir, s'il lui plaît de voir, et s'il sait regarder.

III

Annoncé dès le 25 octobre, Louis XIII se fit attendre jusqu'au 6 décembre. L' « Entrée » qu'il avait demandé qu'on lui fît fut belle et bien ordonnée.

---

1. BB. 156, f⁰ 174 (17 septembre 1620).

Tout le mois de novembre s'était passé en préparatifs. La ville s'était parée, et les habitants aussi. Si l'enthousiasme n'avait pas paru très vif chez tous, du moins il y avait eu une bonne volonté assez générale, soutenue par des ordonnances consulaires suffisamment précises, pour qu'à l'heure dite tout fût prêt [1]. Dès le 3 décembre, l'entrée des portes fut interdite aux voituriers, charretiers, bouviers, asniers, etc.; et le 6, enfin, le roi arriva. C'était la première entrée, sans cérémonie, l'autre étant remise à quelques jours; le prévôt des marchands lui dit simplement : « Il y a longtemps que nous soupirons après le beau jour où Dieu nous a fait la grâce d'apercevoir les traits de Sa Majesté divine, et celle de votre personne sacrée... »; et le roi répondit : « Je vous remercie de vos bonnes volontés. Je vous prie de continuer à me bien servir, comme vous avez fait, et je vous témoignerai mon affection [2] ».

Le 11 décembre 1622, le roi et la reine Anne, étant sortis de Lyon, y firent leur entrée solennelle [3].

A partir du pont du Rhône, où commençait la ville, les arcs de triomphe, les fontaines, les colonnes, les temples, ornaient le parcours où devait défiler le royal cortège. Le premier arc, à l'entrée de la rue Bourgchanin, avait trente-six pieds de haut, vingt-quatre de large, douze colonnes corinthiennes, tout azur et or, portait écrit au tym-

---

1. Le défilé des Enfants de la ville (jeunes gens de « bonne famille »), sous la conduite d'un capitaine élu par eux pour la circonstance, faillit n'être pas prêt à cause de leur négligence à se faire inscrire (sept ou huit seulement s'étaient présentés). Il fallut une ordonnance du prévôt des marchands (12 nov.) les menaçant de 300 livres d'amende, avec responsabilité des parents, pour secouer leur indifférence que « les voyes de douceur et aimables exhortations n'étaient pas parvenu à émouvoir » (AA. *Corresp.* 144). — D'autre part, comme les habitants ne paraissaient pas disposés à tendre d'étoffes leurs maisons, une autre ordonnance les y obligea, à peine de procès-verbal, et spécifia qu'ils mettraient aux fenêtres des lanternes de papier de couleur, avec chandelles (BB. 160, f° 286).

2. BB. 160, f° 301.

3. Tous les détails de cette entrée sont consignés dans le procès-verbal des *Actes Consulaires*, BB. 169, f°s 308-316, et dans le livre rédigé par les soins du Consulat : « *L'Entrée du roy et de la royne dans sa ville de Lyon : ou le Soleil au signe du Lyon, d'où sont tirées quelques parallèles avec le roi treschrétien, très juste et très victorieux monarque Louys XIII, roy de France et de Navarre. Ensemble un sommaire récit de tout ce qui s'étoit passé de remarquable en ladite entrée de Sa Majesté et de la plus Illustre Princesse de la Terre, Anne d'Austriche, royne de France et de Navarre, dans la ville de Lyon, le 11 décembre 1622* ». Lyon, chez Jean Jullieron, M.DCXXIV, in-4.

pan de son fronton : « Heliopolis », « comme si ce portail eût servi d'entrée à la ville du soleil. Titre que Lyon s'attribuait avec autant de raison que cette ville d'Égypte : car, pour lors, les Lyonnais renouvelaient les affections, qu'ils ont de tout temps consacrées au service du *Soleil français.* » Une inscription latine en précisait le sens :

SOLI FRANCICO, LUD. XIII, DUELLICAE HYDRAE PROFLIGATORI, PARENTI PATRIAE, PACIFICATORI GALLIAE, SUAE GENTIS VNICO DELICIO, REGUM MAXIMO, SAECULI MIRACULO, HAC PERPETUA GLORIA FLORERE, OMNIBUS PRINCIPIBUS ANTECELLERE

S. P. Q. L.

Le Sénat et le peuple lyonnais offraient ensuite à « l'Hypérion des Gaules » l'arc de la rue Raisin dont les peintures disaient « le pouvoir du soleil sur les deux éléments de la terre et de l'eau. » Ainsi le roy était représenté « en l'éclat majestueux de sa cour ». On entrait ensuite « dans les perfections, lesquelles rehaussent cet éclat ».

La fontaine de la rue de l'Hôpital, grand rocher de 45 pieds de haut, ouvert en forme de portique, ornée de colonnes et portant une nymphe, démontrait, ainsi qu'en faisaient foi les innombrables vers latins qui la recouvraient « l'idée de la beauté et pureté de l'esprit royal qui anime la France ». Elle versait du lait et du vin clairet. — Le fort ou colonne du Puits-Pelu donnait « l'idée de la force et vaillance de Sa Majesté ». — La pyramide de la rue Grenette donnait « l'idée du bonheur de la France, dépendant entièrement de la sagesse incomparable et vigilance non pareille de Sa Majesté ». — C'était ensuite, à l'entrée du pont de Saône, l'arc des triomphes et trophées de Sa Majesté « l'Apollon Français » ; sur le pont même, le temple d'Apollon, « idée de la fervente et exemplaire piété de S. M. », et à l'autre bout le portique de la Paix. Toujours symbolique et vêtu d'allégories, le portique de la place des Changes, « idée de la justice, l'une des plus riches pierres précieuses qui brillent en la couronne de Sa Majesté ».

Enfin, la série des « Merveilles et perfections de la reine » se déroulait en litanies sur le portique de la Croisette, et le portique de la place Saint-Nizier disait, conclusion éclatante, les heureux pré-

sages « qu'annoncent le plus éclatant Soleil et la plus belle Aurore de
toute l'année » :

> Royne, notre sage Junon
> de qui le céleste renom
> remplit l'un et l'autre hémisphère
> le Ciel qui vous fait à la foys
> et sœur et épouse de roys
> promet que vous en serez mère.

A huit heures du matin, le roi et la reine, installés dans un palais
de bois construit et décoré pour eux, au parc de la Motte, près de
la route de Vienne, y recevaient Messieurs les Chanoines de Saint-
Jean, comtes de Lyon, présentés par Halincourt, les communau-
tés et paroisses, les présidents et trésoriers généraux de France, les
élus, le prévôt général des maréchaux, le Consul de la nation flo-
rentine, qui représentait aussi les Génevois et les Lucquois, les Allemands des villes impériales et ligues suisses, les Enfants de la ville
et leur capitaine, le Juge gardien de la Conservation [1], Messieurs
de la Sénéchaussée, le Consulat conduit par le prévôt des marchands
de Sève, porteur des clefs de la ville, en argent doré, le capitaine de
la ville et les trente-six capitaines penons. Chacun fit son discours,
pompeux et vide. A peine, çà et là, une phrase moins banale :
« Nous espérons quelque douceur dans l'amertume de notre siècle,
par la jouissance d'une bonne et profonde paix qui donnera le pouvoir et le moyen à V. M. de soulager votre pauvre peuple
accablé sous le pesant faix des surcharges et nouvelles impositions.
L'extrême nécessité qu'il en a, Sire, vous y doit convier... » dit le
président des trésoriers généraux. Le juge de la Conservation sup-
plia très humblement S. M. « de vouloir maintenir tous les négo-
cians au sauf-conduit des foires et à l'abri de tant d'oppressions
journalières qui ruinent le commerce ». Mais le prévôt de Sève,
orateur célèbre, le « Démosthène français », comme on disait à
Lyon, ne sut que tourner un compliment.

Les présentations terminées, le défilé commença, clergé en tête,

---

1. Tribunal institué pour juger les différends survenus pendant les foires, et
devenu un véritable tribunal de commerce.

suivi des trente-six penonnages. Chacun d'eux n'avait envoyé qu'une élite splendidement vêtue de soie et velours, chamarrée d'argent et d'or. Huit mille hommes précédés du comte de Bury, lieutenant du gouvernement, flanqué du capitaine et du sergent-major de la ville, défilèrent avec un air martial que le roi admira. Lyon avait à cœur de montrer qu'il savait et pouvait se défendre lui-même, et méritait ainsi les vieux privilèges accordés par le roi, maintenant si compromis. Après eux, les officiers de la prévôté, le maître des ports et ses gardes, les gardes d'Halincourt, sa comgnie de gens d'armes, la noblesse du gouvernement, la nation italienne, les Allemands, la Compagnie du Guet, les Élus, Messieurs de la Conservation, de la Sénéchaussée et des finances, suivis des arquebusiers de la ville, les Enfants de la Ville, le Consulat précédé de ses mandeurs et suivi de ses laquais — tous montés sur des chevaux ou des mules splendidement harnachés, — image vivante de la grandeur, de la puissance et des traditions de la seconde ville du royaume. Le roi, à cheval, et la reine en litière de velours rouge brodé d'or, entourés de leurs gardes, fermaient la marche. Quand ils franchirent la porte du Rhône, la nuit tombait; les ex-consuls déploient un dais de satin violet brodé d'or sur la tête du roi, un autre au-dessus de la litière de la reine; l'artillerie retentit, les cloches sonnent, les pennons déchargent leurs mousquets, les feux et les flambeaux s'allument. Les fenêtres s'illuminent, et le peuple crie : « Vive le Roy ! »

Le Roi se rend directement à Saint-Jean, où les chanoines, qui l'ont précédé, l'attendent. A l'entrée du quartier de l'Église, où les chanoines-comtes sont seigneurs, les dais violets de la ville sont remplacés par ceux du chapitre, en damas blanc. A la porte de la cathédrale, le roi, comme premier chanoine, reçoit, en même temps que l'eau bénite, le surplis. Il le met sur son bras, marche ainsi jusqu'au Grand-Autel, où il s'agenouille; puis il se retire avec la reine, dans les appartements du palais de l'Archevêque.

« Ainsi finit cette entrée, jugée et reconnue par un consentement universel la plus belle et somptueuse, la mieux réglée et ordonnée de toutes les passées. Aussi se faisait-elle par une des premières Églises de chrétienté, et une des bonnes villes du monde, et pour un Prince le plus grand, parfait et accompli que la terre ait jamais porté. »

IV

Louis XIII resta à Lyon jusqu'au 18 décembre. Il sortit peu. Il se rendait à Saint-Jean, assistait aux offices; un jour, il visita le Collège de la Trinité que tenaient les Jésuites, et assista avec la reine et la cour à une représentation dramatique : *Philippe Auguste, donteur des rebelles en la journée de Bouvines*, « pastorelle » assez compliquée, où figuraient l'empereur Othon, le pape Adrien, Philippe Auguste, l'enchanteur Merlin, une statue magique, les Quatre Vents, avec accompagnement de musique et de danses. La Reine y prit tant de plaisir qu'on en joua une autre pour elle « *sur les victoires de la Pucelle d'Orléans* ». Le succès ne fut pas moins vif, et la reine-mère, en ayant entendu parler, voulut une seconde représentation. Enfin, le 18 décembre, Leurs Majestés assistèrent au feu d'artifice [1], très allégorique, qui termina les réjouissances, et annonça leur départ.

Le 12 décembre, les échevins et le prévôt furent admis à présenter leurs cadeaux au roi. Ils mirent genou en terre, et le prévôt, tenant le présent en mains, parla. Il avait lui-même dessiné l'objet à offrir. C'était un lion d'or haut d'une demi-coudée, « tenant les pattes devant un écusson où le roi était représenté en Jupiter ayant en main la foudre duquel il abattait les géants entreprenants sur lui. » La reine eut un lion pareil, mais l'écusson portait « une reine dormant à laquelle un bras couronné sortant des nues attachait une médaille où la figure d'un lion était gravée ». Des inscriptions précisaient les intentions du Consulat.

Leurs Majestés parurent très satisfaites des présents. Le roi se fit expliquer le sens de son lion, et la reine dit du sien : « Il est très beau ». Mais les présents étaient accompagnés d'un cahier de demandes, longue suite de doléances, où toutes les vieilles réclama-

---

1. Il représentait, comme la décoration de la ville, le Soleil au signe du Lion « On voulut demeurer dans le même sujet, et faire voir, par le brillant éclat des feux, ce que la peinture, d'une façon plus morte, avait déjà représenté sous le voile de divers et différents emblèmes ».

tions sur les violations des franchises de la ville, et les augmentations de charges, étaient redites. De nouveau, on y parlait des clefs
de la ville, de l'abolition de la subvention annuelle, et de la confirmation des privilèges, toujours précaires et toujours menacés [1].

Le roi et le Conseil mirent à faire connaître leur réponse une
diligence inaccoutumée. On sut, dès le 15 décembre, que le roi
laissait aux échevins les clefs de la ville quand le gouverneur serait
absent ; que l'arriéré de la subvention était remis ; que le tiers-surtaux (60.000 l.) de la douane de Lyon serait continué, que le parensus (la plus-value) de cet octroi serait attribué à la ville pour six
ans, moyennant le paiement annuel de 24.000 livres au trésorier
de l'épargne. La noblesse était maintenue aux échevins à leur sortie
de charge, et les bourgeois de la ville vendant leur vin au détail
continueraient à bénéficier de l'exemption du droit du huitième.
L'enregistrement des lettres patentes coûta 486 livres 10 sols [2].

C'était tout. Le roi avait éludé toutes les questions essentielles, et
les concessions qu'il faisait ne lui coûtaient guère. Les unes, la
noblesse des échevins, le tiers-surtaux, l'exemption du huitième,
n'étaient que la confirmation de vieux octrois. Quant aux clefs de la
ville, comme le gouverneur ou son lieutenant étaient toujours présents, la promesse de les rendre au Consulat en cas d'absence était
dérisoire. Le parensus, enfin, seul bénéfice apparent, était payé bien
plus cher qu'il ne valait.

Le roi, quittant la ville, répondit au prévôt des marchands, qui le
remerciait des « favorables expéditions données aux affaires de la
ville » : « Vous m'avez bien servi ; j'en suis content, j'aurai toujours soin de vous. » Louis XIII était avare de paroles. On jugea
aussi que sa bonté royale était peu prodigue de concessions.

Car on espérait davantage ; c'est sans enthousiasme que le Consulat annonçait à son agent de Paris ces piètres résultats. Sa consolation était de penser qu'il évitait de plus grands maux. « On nous a
donné tant de traverses que nous avons été contraints d'en venir là
plutôt que de nous assujettir à prendre notre octroi (celui du tiers

---

1. Nous n'avons pas le texte du cahier, mais il est facile de s'en faire une idée
d'après des phrases éparses dans les actes consulaires de cette semaine et de la suivante.

2. BB. 160, f° 349.

surtaux et parensus) des mains d'un étranger. » Éviter le fermier,
c'était quelque chose. Quant à l'exemption du huitième, « nous en
jouissions jà, mais à chaque mutation de fermier, on nous la contro-
versait. A présent, nous espérons que cela n'arrivera plus[1]. »

Cette visite tant espérée ne laissait que déception. La gloire de
recevoir un roi rapportait vraiment peu. Et on vit tout de suite
qu'elle coûtait cher. Les mémoires des architectes, charpentiers,
peintres, serruriers, orfèvres, tailleurs, chapeliers, musiciens, artifi-
ciers, bateliers, voituriers, pâtissiers, étaient lourds. Puis, ce furent
les surprises désagréables. Les hôtes illustres sont exigeants, on le
sait, mais l'appétit de leur suite famélique échappe aux prévisions.
Officiers de la reine, de l'exempt aux gardes aux valets de pied,
gens du roi, des gardes écossais et suisses aux huissiers et trom-
pettes, il ne faut oublier personne. Car ils ne se laisseraient pas
oublier. On les a nourris, hébergés ; ils ont bu pour 1.353 livres de
vin muscat ; on leur a donné des étrennes. Cela ne suffit pas. Ils
apportent eux aussi leurs mémoires. Ils sont curieux, et ouvrent un jour
singulier sur la manière dont le roi de France paie ses domestiques.

Louis XIII n'a pas manqué d'admirer, au jour de l'Entrée, la
magnificence des arcades, pyramides, et autres « triomphes » que la
Ville a fait élever pour lui. Et, ayant jugé qu'ils n'étaient pas sans
valeur, il en a fait cadeau à ses maréchaux des logis et fourriers.
Voilà qui est très désagréable. Car la Ville, en traitant avec les charpentiers, n'a payé que leur travail. Le bois est resté leur propriété.
Le roi est sans doute mal informé. Qu'on se rassure pourtant ; maréchaux des logis et fourriers ne veulent pas emporter les charpentes.
Il ne s'agit que d'une simple « composition ». Moyennant 600 livres
on se débarrasse d'eux.

Mais, voici les valets de chambre. Le roi, décidément trop géné-
reux, leur a donné tout le « théâtre » où se firent les réceptions,
tapisseries de Flandre et meubles compris. Sans doute, il ignore que
ces richesses ont été apportées là, et prêtées par les plus riches bourgeois de la ville, qui ont vidé leurs appartements luxueux pour lui
faire honneur. Heureusement, les valets de chambre sont gens accom-
modants. Ils consentent à « se départir au bénéfice de la Ville du

1. AA. Corresp. 118, fo 194 (29 décembre 1622).

don que S. M. leur a fait » pour 300 livres. — Puis, c'est le capitaine des gardes, Mosny, et son exempt Vaustin, à qui le roi a donné les ornements des appartements du même théâtre. L'exempt se contente de « la valeur d'un habit de satin », soit 60 livres, mais de Mosny en exige 600, et encore garde-t-il « le dais de velours violet, les chaises, les chenêts, le taffetas et les tapis de Turquie ».

Quand les visiteurs de marque sont partis emportant leur butin, quand la Ville a payé sa rançon, et racheté ses meubles, restent les amis à satisfaire, et les « services extraordinaires » à récompenser. Halincourt s'est signalé tout particulièrement par son zèle à faire aboutir les réclamations de la Ville auprès du roi. C'est à lui qu'on doit l'heureuse issue de l'affaire du parensus. En reconnaissance, la Ville distribue des étrennes à toute sa maison, à celle de son fils, le marquis de Villeroy, et du lieutenant-gouverneur comte de Bury. Pour lui-même, on réserve un cadeau royal ; il touchera 3000 livres de rente annuelle sur les 24.000 livres dudit parensus. — Les services extraordinaires des gros fonctionnaires de la Ville coûtent 6357 livres ; ceux des petits, 860. Les domestiques privés du prévôt des marchands, du receveur de la ville et des autres reçoivent leurs étrennes aux frais de la même et inépuisable caisse qui ne peut payer ses créanciers.

La visite royale coûte à la Ville à peu près le budget d'une année, 61.000 livres. C'est, de tous les résultats qu'on en attendait, le moins prévu, peut-être, mais le plus réel.

V

Les hommes qui avaient fait l'expérience du règne de Henri IV, de Marie de Médicis, et assisté aux débuts de Louis XIII, ne pensaient certainement aucun bien de leur gouvernement. Il peut sembler que l'idée la plus naturelle qui pût leur venir était d'en changer. Or, il ne paraît pas probable qu'ils l'aient eue. Les formules obscures, les réticences pâteuses des documents écrits ne laissent pas apercevoir qu'un homme de ce temps ait sérieusement désiré une transformation radicale dans les procédés de l'administration royale, ou même l'ait considérée simplement comme possible.

Ils considéraient tous avec chagrin « les inventions ruineuses » du fisc; ils gémissaient de vivre dans un État où il n'y avait plus de règles précises, simples, et respectées de ceux qui les faisaient ; ils se sentaient gênés et malheureux depuis que les sources mêmes de leur fortune industrielle et commerciale étaient atteintes et compromises par les pratiques du gouvernement. Chacun à sa manière disait sans répit son mécontentement. Les porte-paroles officiels de la Ville, Consulat, assemblées de notables, menaient le deuil des libertés anciennes, en tâchant de sauvegarder quelques bribes de leurs privilèges de caste. Le menu peuple ne sortait de son silence habituel que pour crier bruyamment sa colère et proférer des paroles sans suite et sans lendemain : Saint-Chamond lui-même ne passa jamais pour un tribun réformateur que dans l'imagination des échevins effarés. Mais aucune doctrine commune, aucune vue précise ne se dégageait encore du murmure confus qui montait « de la Ville et Communauté » de Lyon.

S'il y a une raison à cette attitude, il faut, semble-t-il, la chercher dans une opinion que ces hommes expriment rarement avec clarté, mais qui paraît au fond de toutes leurs paroles et de tous leurs actes. Ils pensent certainement que le mal dont ils souffrent est provisoire. Erreur considérable sans doute, mais naturelle aussi. Un homme raisonnable ne pouvait pas imaginer qu'un tel régime durerait. La monarchie, qui devenait chaque jour plus administrative, manifestait trop d'impuissance à administrer, pour que ses pratiques récentes ne semblassent pas exceptionnelles. Les maladresses, les tâtonnements, les temps d'arrêt même du despotisme royal étaient comme une garantie d'amélioration prochaine. On attribuait volontiers au malheur des temps des causes tout accidentelles, la guerre, les troubles civils et religieux. La misère disparaîtrait avec elles. L'ordre rétabli, l'exploitation de la ville cesserait. On pouvait encore voir le roi, lui parler, s'adresser à son esprit de justice. Il arrivait même qu'on était écouté. Le roi avait des accès d'honnêteté, d'abandon. Pourquoi les sujets n'auraient-ils pas eu des accès de naïveté ?

Car personne, au début d'un régime nouveau qui s'installe peu à peu, sans plan défini, n'est bien fixé sur l'attitude à prendre, et le rôle à jouer. Si le roi hésite encore quelquefois devant son propre caprice, le Consulat croit aussi de temps en temps et sincèrement qu'il défend les intérêts de la Ville. Il a, dans son égoïsme aristocratique, des scrupules de moralité.

Les idées claires se dégagent lentement. Les hésitations, les incertitudes actuelles auront une fin quand le régime nouveau aura fixé ses habitudes. Ce qui était provisoire et avait un air d'exception sera bientôt définitif et deviendra la règle. Quand Lyon aura subi Richelieu et contemplé Louis XIV, le Consulat comprendra que le plus simple et le plus sage est d'obéir avec résignation, ou, mieux, avec insouciance, et le commun des sujets apprendra à vivre dans l'absurde, dans l'arbitraire incohérent et malhonnête, dans la crainte et le tremblement.

MÂCON, PROTAT FRÈRES, IMPRIMEURS.